Inoltre, la trasmissione, la duplicazione o la riproduzione di una qualsiasi delle seguenti opere, comprese le informazioni specifiche, sarà considerata un atto illegale, indipendentemente dal fatto che sia fatto elettronicamente o a stampa. Ciò si estende alla creazione di una copia secondaria o terziaria dell'opera o di una copia registrata ed è consentito solo con l'espresso consenso scritto dell'Editore. Tutti i diritti aggiuntivi sono riservati.

Le informazioni contenute nelle pagine seguenti sono ampiamente considerate un resoconto veritiero e accurato dei fatti e come tali, qualsiasi disattenzione, uso o abuso delle informazioni in questione da parte del lettore renderà qualsiasi azione risultante esclusivamente sotto la loro responsabilità. Non ci sono scenari in cui l'editore o l'autore originale di questo lavoro possano essere in alcun modo ritenuti responsabili per qualsiasi difficoltà o danno che possa accadere dopo aver intrapreso le informazioni qui descritte.

Inoltre, le informazioni contenute nelle pagine seguenti sono intese solo a scopo informativo e devono quindi essere considerate come universali. Come si addice alla sua natura, sono presentate senza garanzia della loro validità prolungata o della loro qualità provvisoria. I marchi di fabbrica che sono menzionati sono fatti senza consenso scritto e non possono in alcun modo essere considerati un'approvazione da parte del titolare del marchio.

Introduzione

Una friggitrice ad aria è un elettrodomestico da cucina relativamente nuovo che ha dimostrato di essere molto popolare tra i consumatori. Mentre ci sono molte varietà diverse disponibili, la maggior parte delle friggitrici condivide molte caratteristiche comuni. Tutte hanno elementi riscaldanti che fanno circolare aria calda per cuocere il cibo. La maggior parte è dotata di impostazioni pre-programmate che aiutano gli utenti a preparare un'ampia varietà di cibi.

La frittura ad aria è uno stile di cottura più sano perché usa meno olio dei metodi tradizionali di frittura. Mentre conserva il sapore e la qualità del cibo, riduce la quantità di grasso usato nella cottura. La frittura all'aria è un metodo comune per "friggere" gli alimenti che sono fatti principalmente con uova e farina. Questi alimenti possono essere morbidi o croccanti a vostro piacimento usando questo metodo.

Come funzionano le friggitrici ad aria

Le friggitrici ad aria usano una ventola per far circolare l'aria calda intorno al cibo. L'aria calda riscalda l'umidità del cibo fino a farla evaporare e creare vapore. Quando il vapore si accumula intorno al cibo, crea una pressione che tira l'umidità dalla superficie del cibo e la spinge via dal centro, formando piccole bolle. Le bolle creano uno strato d'aria che circonda il cibo e crea una crosta croccante.

Scegliere una friggitrice ad aria

Quando si sceglie una friggitrice ad aria, cercane una che abbia buone recensioni per la soddisfazione dei clienti. Inizia con le caratteristiche di cui hai bisogno, come la potenza, le dimensioni della capacità e gli accessori. Cercane una che sia facile da usare. Alcune friggitrici ad aria sul mercato hanno un timer incorporato e una temperatura regolabile. Cercatene una con un imbuto per catturare il grasso, un cestello lavabile in lavastoviglie e parti facili da pulire.

Come usare una friggitrice ad aria

Per i migliori risultati, preriscalda la friggitrice ad aria a 400 F per 10 minuti. Preriscaldare la friggitrice ad aria permette di raggiungere la giusta temperatura più velocemente. Inoltre, preriscaldare la friggitrice ad aria è essenziale per assicurarsi che il cibo non si bruci.

Come cucinare cose in una friggitrice ad aria

Se non avete ancora una friggitrice ad aria, potete iniziare a giocare con i vostri forni buttandoci dentro delle patatine fritte congelate e cuocendole fino a quando non sono dorate in modo uniforme. A seconda del vostro forno, date un'occhiata alla temperatura. Potrebbe essere necessario aumentare o diminuire il tempo.

Quali cibi si possono cucinare in una friggitrice ad aria?

Uova: anche se è possibile cucinare le uova in una friggitrice ad aria, non lo consigliamo perché non è possibile controllare il tempo di cottura e la temperatura con la stessa precisione di una padella tradizionale. È molto più facile ottenere uova cotte in modo non uniforme. Inoltre, non si possono aggiungere salse o condimenti e non si ottengono bordi croccanti e dorati.

Cibi congelati: Generalmente, i cibi congelati sono meglio cucinati nel forno convenzionale perché hanno bisogno di raggiungere una certa temperatura per essere cotti correttamente. La friggitrice ad aria non è in grado di raggiungere temperature tali da rendere il cibo completamente cotto.

Cibi disidratati: I cibi disidratati richiedono una frittura, che non è qualcosa che si può fare con una friggitrice ad aria. Quando si tratta di cucinare cibi disidratati, la friggitrice ad aria non è l'opzione migliore.

Verdure: È possibile cucinare le verdure in una friggitrice ad aria, ma bisogna assicurarsi che la friggitrice ad aria non sia impostata ad una temperatura tale da bruciarle.

Per assicurarti che le tue verdure non siano troppo cotte, avvia la friggitrice ad aria con il cestello spento, poi buttaci dentro le verdure quando l'aria si è riscaldata e non ci sono più punti freddi.

Assicurati di mescolare le verdure ogni pochi minuti. Anche la cottura nel cestello è un'opzione, ma potrebbero attaccarsi un po'.

Patatine fritte: Friggere le patatine in una friggitrice ad aria è un buon modo per ottenere patatine croccanti e dorate senza aggiungere molto olio. Rispetto alla frittura convenzionale, la frittura ad aria produce meno calorie.

Per cucinare le patatine fritte in una friggitrice ad aria, usate un cestello o una rastrelliera e versate abbastanza olio da arrivare circa a metà dell'altezza delle patatine. Per i migliori risultati, assicurati che le patatine siano congelate. Girate la friggitrice a 400 gradi e impostatela per 12 minuti. Se le vuoi extra croccanti, puoi impostare per 18 minuti, ma potrebbero bruciarsi un po'.

Vantaggi di una friggitrice ad aria:

- È uno dei modi più semplici per cucinare cibi sani. Usato 4-5 volte alla settimana, è un'opzione più sana che friggere con olio nel forno convenzionale o usare cibi in scatola.

- I pasti con la friggitrice ad aria sono un modo facile per servire cibi gustosi che non occupano molto spazio. Le friggitrici ad aria permettono di cucinare tre volte più cibo che nel microonde.

- Le friggitrici ad aria hanno un piccolo ingombro e si possono riporre in un armadio quando non si usano.

-Sono elettrodomestici da cucina versatili. Puoi usarli per cucinare cibo per pranzo, cena e spuntini.

- Le friggitrici ad aria richiedono poco o niente per la cucina. Si possono usare con il coperchio, il che significa che c'è meno da lavare.

Pomodori al pesto

Tempo di preparazione: 5 minuti

Tempo di cottura: 10 minuti

Porzioni: 4

Ingredienti:

- Pomodori heirloom grandi: 3, tagliati a fette spesse ½ pollice.

- Pesto: 1 tazza

- Formaggio Feta: 8 oz. tagliato a fette spesse ½ pollice
- Cipolla rossa: ½ tazza, tagliata sottile
- Olio d'oliva: 1 cucchiaio.

Indicazioni:

1. Spalmare un po' di pesto su ogni fetta di pomodoro. Aggiungere ad ogni fetta di pomodoro una fetta di feta e una cipolla e irrorare con olio.

2. Disporre i pomodori sulla griglia unta e spruzzare con spray da cucina. Sistemare la leccarda sul fondo della camera di cottura del forno della friggitrice ad aria Instant Vortex.

3. Selezionare "Air Fry" e impostare la temperatura a 390 °F. Impostare il tempo per 14 minuti e premere "Start". Quando il display mostra "Add Food", inserire la rastrelliera in posizione centrale.

4. Quando il display mostra "Turn Food" non girare il cibo. Quando il tempo di cottura è completo, rimuovere il rack dal forno Vortex. Servire caldo.

Nutrizione:

Calorie 480,

Carboidrati 13g,

Grasso 41.9g,

Proteina 15.4g

Patate condite

Tempo di preparazione: 5 minuti

Tempo di cottura: 40 minuti

Porzioni: 2

Ingredienti:

- Patate russe: 2, strofinate
- Burro: ½ cucchiaio di burro fuso
- Condimento di miscela di aglio ed erbe: ½ cucchiaino.
- Aglio in polvere: ½ cucchiaino.
- Sale, come richiesto

Indicazioni:

1. In una ciotola, mescolare tutte le spezie e il sale. Con una forchetta, pungere le patate.
2. Rivestire le patate con il burro e cospargere con la miscela di spezie. Disporre le patate sulla griglia di cottura.

3. Sistemare la leccarda sul fondo della camera di cottura del forno Instant Vortex Air Fryer. Scegliere "Air Fry" e quindi impostare la temperatura a 400 °F. Impostare il tempo per 40 minuti e premere "Start".
4. Quando il display mostra "Add Food", inserire il cestello di cottura nella posizione centrale. Quando il display mostra "Turn Food" non fare nulla. Una volta terminata la cottura, rimuovere il vassoio dal forno Vortex. Servire caldo.

Nutrizione:

Calorie 176,

Carboidrati 34.2g,

Grasso 2.1g,

Proteina 3.8g

Zucchine piccanti

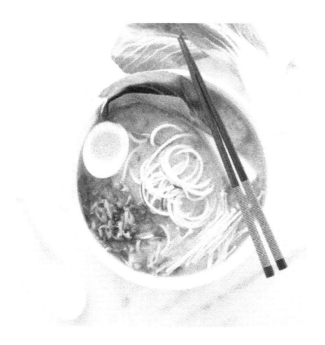

Tempo di preparazione: 10 minuti

Tempo di cottura: 15 minuti

Porzioni: 4

Ingredienti:

- Zucchine: 1 lb. tagliate a fette spesse ½ pollice nel senso della lunghezza
- Olio d'oliva: 1 cucchiaio.
- Aglio in polvere: ½ cucchiaino.
- Pepe di Caienna: ½ cucchiaino.

- Sale e pepe nero macinato, come richiesto

Indicazioni:

1. Mettere tutti gli ingredienti in una ciotola e mescolare per ricoprire bene. Disporre le fette di zucchina su un vassoio di cottura.

2. Sistemare la leccarda sul fondo della camera di cottura del forno Instant Vortex Air Fryer. Scegliere "Air Fry" e quindi impostare la temperatura a 400 °F. Impostare il tempo per 12 minuti e premere "Start".

3. Quando il display mostra "Add Food", inserire il vassoio di cottura nella posizione centrale. Quando il display mostra "Turn Food" non fare nulla. Una volta terminata la cottura, rimuovere il vassoio dal forno Vortex. Servire caldo.

Nutrizione:

Calorie 67,

Carboidrati 5.6g,

Grasso 5g,

Proteina 2g

Zucca gialla stagionata

Tempo di preparazione: 5 minuti

Tempo di cottura: 10 minuti

Porzioni: 4

Ingredienti:

- Grande zucca gialla: 4, tagliata a fette
- Olio d'oliva: ¼ di tazza
- Cipolla: ½, affettata
- Condimento italiano: ¾ di cucchiaino.
- Sale d'aglio: ½ cucchiaino.
- Sale stagionato: ¼ di cucchiaino.

Indicazioni:

1. In una ciotola, mescolare tutti gli ingredienti. Mettere la miscela di verdure nel vassoio di cottura unto. Sistemare la leccarda sul fondo della camera di cottura del forno della friggitrice ad aria Instant Vortex.

2. Scegliere "Air Fry" e poi impostare la temperatura a 400 °F. Impostare il tempo per 10 minuti e premere "Start". Quando il display mostra "Add Food" inserire il vassoio di cottura in posizione centrale.

3. Quando il display mostra "Turn Food" girare le verdure. Una volta terminata la cottura, rimuovere il vassoio dal forno Vortex. Servire caldo.

Nutrizione:

Calorie 113,

Carboidrati 8.1g,

Grasso 9g,

Proteina 4.2g

Asparagi al burro

Tempo di preparazione: 5 minuti

Tempo di cottura: 10 minuti

Porzioni: 4

Ingredienti:

- Lance di asparagi freschi e spessi: 1 lb. tagliato
- Burro: 1 cucchiaio di burro fuso
- Sale e pepe nero macinato, come richiesto

Indicazioni:

1. Mettere tutti gli ingredienti in una ciotola e mescolare per ricoprire bene. Disporre gli asparagi su un vassoio di cottura. Disporre la leccarda sul fondo della camera di cottura del forno Instant Vortex Air Fryer. Scegliere "Air Fry" e quindi impostare la temperatura a 350 °F. Impostare il tempo per 10 minuti e premere "Start". Quando il display mostra "Add Food" inserire il vassoio di cottura in posizione centrale. Quando il display mostra "Turn Food" girare gli asparagi. A cottura ultimata, rimuovere il vassoio dal forno Vortex. Servire caldo.

Nutrizione:

Calorie 64,

Carboidrati 5.9g,

Grasso 4g,

Proteina 3.4g

Broccoli al burro

Tempo di preparazione: 5 minuti

Tempo di cottura: 15 minuti

Porzioni: 4

Ingredienti:

- Cime di broccoli: 1 lb.

- Burro: 1 cucchiaio di burro fuso

- Fiocchi di pepe rosso: ½ cucchiaino schiacciato

- Sale e pepe nero macinato, come richiesto

Indicazioni:

1. Raccogliete tutti gli ingredienti in una ciotola e saltateli per ricoprirli bene. Mettere le cimette di broccoli nel cestello del girarrosto e attaccare il coperchio. Disporre la leccarda sul fondo della camera di cottura del forno Instant Vortex Air Fryer. Scegliere "Air Fry" e quindi impostare la temperatura a 400 °F.

2. Fissa il tempo per 15 minuti e premi "Start". Poi, chiudete la porta e toccate "Rotate".

3. Quando il display mostra "Add Food", sistemare il cestello del girarrosto sullo spiedo. Poi, chiudere lo sportello e toccare "Rotate". Quando il tempo di cottura è completo, premere la leva rossa per rilasciare l'asta. Rimuovere dal forno Vortex. Servire immediatamente.

Nutrizione:

Calorie 55,

Carboidrati 6.1g,

Grasso 3g,

Proteina 2.3g

Carote condite con fagiolini

Tempo di preparazione: 5 minuti

Tempo di cottura: 10 minuti

Porzioni: 4

Ingredienti:

- Fagiolini: ½ libbra tagliata
- Carote: ½ libbra sbucciate e tagliate a bastoncini
- Olio d'oliva: 1 cucchiaio.
- Sale e pepe nero macinato, come richiesto

Indicazioni:

1. Raccogliete tutti gli ingredienti in una ciotola e saltateli per ricoprirli bene. Mettere le verdure nel cestello del girarrosto e attaccare il coperchio. Sistemare la leccarda sul fondo della camera di cottura del forno della friggitrice ad aria Instant Vortex.

2. Scegliere "Air Fry" e poi impostare la temperatura a 400 °F. Impostare il tempo per 10 minuti e premere "Start".

3. Poi, chiudere lo sportello e toccare "Rotate". Quando il display mostra "Add Food", sistemare il cestello del girarrosto sullo spiedo. Poi, chiudere lo sportello e toccare "Rotate". Quando il tempo di cottura è completo, premere la leva rossa per rilasciare l'asta. Rimuovere dal forno Vortex. Servire caldo.

Nutrizione:

Calorie 94,

Carboidrati 12.7g,

Grasso 4.8g,

Proteina 2g

Patata dolce con broccoli

Tempo di preparazione: 5 minuti

Tempo di cottura: 20 minuti

Porzioni: 4

Ingredienti:

- Patate dolci medie: 2, sbucciate e tagliate a cubetti di 1 pollice
- Testa di broccolo: 1, tagliato in cimette da 1 pollice
- Olio vegetale: 2 cucchiai.
- Sale e pepe nero macinato, come richiesto

Indicazioni:

1. Ungere una teglia che si adatti al forno della friggitrice ad aria Vortex. Raccogliete tutti gli ingredienti in una ciotola e saltateli per ricoprirli bene. Mettere la miscela di verdure nella teglia preparata in un unico strato. Sistemare la leccarda sul fondo della camera di cottura del forno Vortex Air Fryer. Selezionare "Roast" e regolare la temperatura a 415 °F.

2. Impostare il tempo per 20 minuti e premere "Start". Quando il display mostra "Add Food" inserire la teglia in posizione centrale. Quando il display mostra "Turn Food" girare le verdure. Quando il tempo di cottura è completo, rimuovere la teglia dal forno Vortex. Servire caldo.

Nutrizione:

Calorie 170,

Carboidrati 25.2g,

Grasso 7.1g,

Proteina 2.9g

Verdure condite

Tempo di preparazione: 5 minuti

Tempo di cottura: 12 minuti

Porzioni: 4

Ingredienti:

- Carote baby: 1 tazza
- Cime di broccoli: 1 tazza
- Cime di cavolfiore: 1 tazza
- Olio d'oliva: 1 cucchiaio.
- Condimento italiano: 1 cucchiaio.
- Sale e pepe nero macinato, come richiesto

Indicazioni:

1. Raccogliete tutti gli ingredienti in una ciotola e saltateli per ricoprirli bene. Mettete le verdure nel cestello del girarrosto e attaccate il coperchio.

2. Sistemare la leccarda sul fondo della camera di cottura del forno Instant Vortex Air Fryer. Scegliere "Air Fry" e quindi impostare la temperatura a 380 °F.

3. Impostare il tempo per 18 minuti e premere "Start". Poi, chiudere lo sportello e toccare "Rotate". Quando il display mostra "Add Food", sistemare il cestello del girarrosto sullo spiedo. Poi, chiudere lo sportello e toccare "Rotate". Quando il tempo di cottura è completo, premere la leva rossa per rilasciare l'asta. Rimuovere dal forno Vortex. Servire.

Nutrizione:

Calorie 66,

Carboidrati 5.7g,

Grasso 4.7g,

Proteina 1.4g

Gratin di patate

Tempo di preparazione: 5 minuti

Tempo di cottura: 20 minuti

Porzioni: 4

Ingredienti:

- Patate grandi: 2, tagliate sottili
- Panna: 5½ cucchiai.
- Uova: 2

- Farina normale: 1 cucchiaio.
- Formaggio Cheddar: ½ tazza, grattugiato

Indicazioni:

1. Disporre i cubetti di patate sulla griglia unta.
   Disporre la leccarda sul fondo della camera di
   cottura del forno Instant Vortex Air Fryer.
   Scegliere "Air Fry" e quindi impostare la
   temperatura a 355 °F. Impostare il tempo per
   10 minuti e premere "Start".

2. Quando il display mostra "Add Food", inserire il
   cestello di cottura nella posizione centrale.
   Quando il display mostra "Turn Food" non girare
   il cibo. Nel frattempo, in una ciotola, aggiungere
   la panna, le uova e la farina e mescolare fino a
   formare una salsa densa. Una volta terminata la
   cottura, rimuovere il vassoio dal forno Vortex.

3. Dividere le fette di patate in 4 pirottini
   leggermente unti in modo uniforme e coprirle
   con il composto di uova, seguito dal formaggio.

4. Disporre i pirottini su una griglia di cottura. Di nuovo, selezionare "Air Fry" e regolare la temperatura a 390 °F. Impostare il tempo per 10 minuti e premere "Start". Quando il display mostra "Add Food", inserire il cestello di cottura in posizione centrale. Quando il display mostra "Turn Food" non girare il cibo. Quando il tempo di cottura è completo, rimuovere i pirottini dal forno Vortex. Servire caldo.

Nutrizione:

Calorie 233,

Carboidrati 31.g,

Grasso 8g,

Proteina 9.7g

Edamame all'aglio

Tempo di preparazione: 5 minuti

Tempo di cottura: 10 minuti

Porzioni: 4

Ingredienti:

- Olio d'oliva
- 1 (16-ounce) sacchetto di edamame congelato in baccelli
- sale e pepe nero appena macinato
- ½ cucchiaino di sale all'aglio
- ½ cucchiaino di fiocchi di pepe rosso (opzionale)

Indicazioni:

1. Spruzzare leggermente un cestello della friggitrice con olio d'oliva.

2. In una ciotola media, aggiungere gli edamame congelati e spruzzare leggermente con olio d'oliva. Mescolare per ricoprire.

3. In una ciotola, combinare insieme il sale all'aglio, il sale, il pepe nero e i fiocchi di pepe rosso (se si usa). Aggiungere il composto agli edamame e mescolare fino a quando non sono uniformemente ricoperti.

4. Mettere metà degli edamame nel cestello della friggitrice. Non riempire troppo il cestello.

5. Friggere all'aria per 5 minuti. Scuotere il cestello e cuocere fino a quando l'edamame comincia a dorarsi e a diventare croccante, da 3 a 5 minuti in più.

6. Ripetere con i restanti edamame e servire immediatamente.

7. Pair It With: Questi fanno un bel contorno a quasi tutti i pasti.

8. Friggere all'aria come un professionista: Se usate edamame freschi, riducete il tempo di cottura all'aria di 2 o 3 minuti per evitare una cottura eccessiva. Gli edamame fritti all'aria non mantengono la loro consistenza croccante, quindi è meglio mangiarli subito dopo la cottura.

Nutrizione:

Calorie: 100;

Grasso totale: 3g;

Grasso saturo: 0g;

Carboidrati: 9g;

Proteine: 8g;

Fibra: 4g;

Sodio: 496mg

Ceci piccanti

Tempo di preparazione: 5 minuti

Tempo di cottura: 20 minuti

Porzioni: 4

Ingredienti:

- Olio d'oliva
- ½ cucchiaino di cumino macinato
- ½ cucchiaino di peperoncino in polvere
- ¼ di cucchiaino di pepe di Caienna
- ¼ di cucchiaino di sale
- 1 (19-ounce) può ceci, scolati e sciacquati

Indicazioni:

- Spruzzare leggermente un cestello della friggitrice con olio d'oliva.
- In una ciotola, combinare il peperoncino in polvere, il cumino, il pepe di Caienna e il sale.
- In una ciotola media, aggiungere i ceci e spruzzarli leggermente con olio d'oliva. Aggiungere la miscela di spezie e mescolare fino a quando non sono ricoperti in modo uniforme.

- Trasferire i ceci nel cestello della friggitrice. Friggere all'aria finché i ceci non raggiungono il livello di croccantezza desiderato, da 15 a 20 minuti, assicurandosi di scuotere il cestello ogni 5 minuti.
- Friggere all'aria come un professionista: Trovo che 20 minuti siano il momento migliore per ottenere ceci molto croccanti. Se li preferite meno croccanti, cuocete per circa 15 minuti. Questi sono un ottimo veicolo per sperimentare diverse miscele di condimenti come il cinese 5-spice, una miscela di curry e curcuma, o erbe di Provenza.

Nutrizione:

Calorie: 122;

Grasso totale: 1g;

Grasso saturo: 0g;

Carboidrati: 22g;

Proteine: 6g;

Fibra: 6g;

Sodio: 152mg

Bastoncini di pizza all'uovo

Tempo di preparazione: 10 minuti

Tempo di cottura: 5 minuti

Porzioni: 4

Ingredienti:

1. Olio d'oliva
2. 8 pezzi di formaggio a pasta filata a basso contenuto di grassi
3. 8 involtini di uova
4. 24 fette di salame di tacchino
5. Salsa marinara, per intingere (opzionale)

Indicazioni:

- Spruzzare leggermente un cestello della friggitrice con olio d'oliva. Riempire una piccola ciotola con acqua.
- Posizionare ogni involtino diagonalmente su una superficie di lavoro. Dovrebbe avere l'aspetto di un diamante.
- Posizionare 3 fette di salame di tacchino in una linea verticale lungo il centro dell'involucro.
- Mettere 1 bastoncino di mozzarella sopra il salame di tacchino.
- Piegare gli angoli superiore e inferiore dell'involtino sopra il bastoncino di formaggio.
- Piegare l'angolo sinistro sul bastoncino di formaggio e arrotolare il bastoncino di formaggio in modo che assomigli ad un involtino primavera. Immergere un dito nell'acqua e sigillare il bordo del rotolo
- Ripetere con il resto dei bastoncini di pizza.
- Metteteli nel cestello della friggitrice in un unico strato, facendo attenzione a lasciare un po' di spazio tra uno e l'altro. Spruzzare leggermente i bastoncini di pizza con dell'olio.

- Friggere all'aria fino a quando i bastoncini di pizza sono leggermente dorati e croccanti, circa 5 minuti.
- Questi sono meglio serviti caldi mentre il formaggio è fuso. Accompagnare con una piccola ciotola di salsa marinara, se desiderato.

Nutrizione:

Calorie: 362;

Grasso totale: 8g;

Grasso saturo: 4g;

Colesterolo: 43mg;

Carboidrati: 40g;

Proteine: 23g;

Fibra: 1g;

Sodio: 1.026mg

Chips di zucchine alla cajun

Tempo di preparazione: 10 minuti

Tempo di cottura: 15 minuti

Porzioni: 4

Ingredienti:

- Olio d'oliva
- 2 zucchine grandi, tagliate a fette di ⅛ pollici di spessore
- 2 cucchiai di condimento Cajun

Indicazioni:

1. Spruzzare leggermente un cestello della friggitrice con olio d'oliva.

2. Mettere le fette di zucchina in una ciotola media e spruzzarle generosamente con olio d'oliva.

3. Cospargere il condimento Cajun sulle zucchine e mescolare per assicurarsi che siano uniformemente ricoperte di olio e condimento.

4. Mettere le fette in un unico strato nel cestello della friggitrice, facendo attenzione a non sovraffollare.

5. Friggere all'aria per 8 minuti. Girate le fette e friggetele all'aria finché non sono croccanti e marroni come preferite, altri 7-8 minuti.

6. Friggere all'aria come un professionista: Per ottenere il miglior risultato, è importante non sovraffollare il cestello della friggitrice. Le chips di zucchine vengono meglio se c'è spazio per far circolare l'aria intorno ad ogni fetta. Potete aggiungere il tempo di cottura se vi piacciono le chips di zucchine molto marroni e croccanti.

Nutrizione:

Calorie: 26;

Grasso totale: <1g;

Carboidrati: 5g;

Proteine: 2g;

Fibra: 2g;

Sodio: 286mg

Ali di pollo croccanti alla vecchia baia

Tempo di preparazione: 10 minuti

Tempo di cottura: 15 minuti

Porzioni: 4

Ingredienti:

- Olio d'oliva
- 2 cucchiai di condimento Old Bay
- 2 cucchiai di lievito in polvere
- 2 cucchiai di sale
- 2 libbre di ali di pollo

Indicazioni:

1. Spruzzare leggermente un cestello della friggitrice con olio d'oliva.

2. In un grande sacchetto richiudibile, combinare insieme il condimento Old Bay, il lievito in polvere e il sale.

3. Asciugare le ali con carta assorbente.

4. Mettere le ali nel sacchetto con la cerniera, sigillare e mescolare con la miscela di condimento fino a quando non sono uniformemente rivestite.

5. Mettere le ali condite nel cestello della friggitrice in un unico strato. Spruzzare leggermente con olio d'oliva.

6. Friggere all'aria per 7 minuti. Girare le ali, spruzzarle leggermente con olio d'oliva e friggerle all'aria finché le ali non sono croccanti e leggermente dorate, per altri 5-8 minuti. Usando un termometro per carne, controllate che la temperatura interna sia di 165°F o superiore.

Nutrizione:

Calorie: 501;

Grasso totale: 36g;

Grasso saturo: 10g;

Colesterolo: 170mg;

Carboidrati: 1g;

Proteine: 42g;

Sodio: 2.527mg

Pesche alla cannella e zucchero

Tempo di preparazione: 10 minuti

Tempo di cottura: 13 minuti

Porzioni: 4

Ingredienti:

- Olio d'oliva
- 2 cucchiai di zucchero
- ¼ di cucchiaino di cannella macinata
- 4 pesche, tagliate a spicchi

Indicazioni:

1. Spruzzare leggermente un cestello della friggitrice con olio d'oliva.

2. In una ciotola, combinare la cannella e lo zucchero. Aggiungere le pesche e lanciare per ricoprire uniformemente.

3. Disporre le pesche in un solo strato nel cestello della friggitrice sui loro lati.

4. Friggere all'aria per 5 minuti. Girare le pesche con la buccia verso il basso, spruzzarle leggermente d'olio e friggerle all'aria finché le pesche non sono leggermente marroni e caramellate, da 5 a 8 minuti ancora.

5. Rendilo ancora meno calorico: usa un sostituto dello zucchero a zero calorie come Nutrisweet o il dolcificante al frutto di monaco al posto dello zucchero semolato.

6. Friggere all'aria come un professionista: Questi non diventano veramente croccanti, ma piuttosto rimangono morbidi, dolci e caramellati. Sono veramente deliziosi e costituiscono una meravigliosa opzione di dessert.

Nutrizione:

Calorie: 67;

Grasso totale: <1g;

Carboidrati: 17g;

Proteine: 1g;

Fibra: 2g;

Sodio: 0mg

Ali di pollo alle erbe provenzali in friggitrice ad aria

Tempo di preparazione: 15 minuti

Tempo di cottura: 20 minuti

Porzioni: 4

Ingredienti:

- 1kg di ali di pollo
- Erbe provenzali
- Olio extravergine d'oliva
- Sale
- Pepe macinato

Indicazioni:

1. Mettiamo le ali di pollo in una ciotola, pulite e tritate.
2. Aggiungere qualche filo d'olio, sale, pepe macinato e cospargere di erbe provenzali.
3. Abbiamo legato bene e lasciato macerare qualche minuto, io li ho avuti 15 minuti.
4. Abbiamo messo le ali nel cestello della friggitrice ad aria.
5. Selezioniamo 180 gradi, 20 minuti.

6. Di tanto in tanto rimuoviamo in modo che siano fatti su tutte le loro facce.

7. Se vediamo che sono stati poco dorati, mettiamo qualche minuto in più.

8. Noi serviamo

Nutrizione:

Calorie: 160

Grasso: 6

Carboidrati: 8Proteine

: 13

Chips di mela

Tempo di preparazione: 10 minuti

Tempo di cottura: 20 minuti

Porzioni: 2

Ingredienti:

- 1 mela, tagliata sottile
- Sale a piacere
- ¼ di cucchiaino di cannella macinata

Indicazioni:

1. Preriscaldare la friggitrice a 350 gradi F.
2. Passare le fette di mela nel sale e nella cannella.
3. Aggiungere alla friggitrice ad aria.

4. Lasciare raffreddare prima di servire.

Nutrizione:

Calorie: 59

Proteine: 0,3 g.

Grasso: 0,2 g.

Carboidrati: 15,6 g.

Piantine zuccherate

Tempo di preparazione: 5 minuti

Tempo di cottura: 8 minuti

Porzioni: 4

Ingredienti:

- 2 platani maturi, affettati
- 2 cucchiai di olio di avocado
- Sale a piacere
- Sciroppo d'acero

Indicazioni:

1. Tossire le banane nell'olio.

2. Condire con sale.

3. Cuocere nel cestello della friggitrice ad aria a 400 gradi F per 10 minuti, scuotendo dopo 5 minuti.

4. Irrorare con lo sciroppo d'acero prima di servire.

Nutrizione:

Calorie: 125

Proteine: 1,2 g.

Grasso: 0,6 g.

Carboidrati: 32 g.

Banane arrostite

Tempo di preparazione: 5 minuti

Tempo di cottura: 5 minuti

Porzioni: 2

Ingredienti:

- 2 tazze di banane, a cubetti
- 1 cucchiaino di olio di avocado
- 1 cucchiaio di sciroppo d'acero
- 1 cucchiaino di zucchero di canna
- 1 tazza di latte di mandorla

Indicazioni:

1. Rivestire i cubetti di banana con olio e sciroppo d'acero.
2. Cospargere di zucchero di canna.
3. Cuocere a 375 F nella friggitrice ad aria per 5 minuti.
4. Versare il latte sopra le banane prima di servire.

Nutrizione:

Calorie: 107

Proteine: 1,3 g.

Grasso: 0,7 g.

Carboidrati: 27 g.

Croccante di pera

Tempo di preparazione: 10 minuti

Tempo di cottura: 25 minuti

Porzioni: 2

Ingredienti:

- 1 tazza di farina
- 1 bastone di burro vegano
- 1 cucchiaio di cannella
- ½ tazza di zucchero
- 2pere, a cubetti

Indicazioni:

1. Mescolare la farina e il burro per formare una consistenza friabile.
2. Aggiungere la cannella e lo zucchero.
3. Mettere le pere nella friggitrice ad aria.
4. Versare e spalmare il composto sopra le pere.
5. Cuocere a 350 gradi F per 25 minuti.

Nutrizione:

Calorie: 544

Proteine: 7,4 g.

Grasso: 0,9 g.

Carboidrati: 132,3 g.

Rotoli alla cannella

Tempo di preparazione: 2 ore

Tempo di cottura: 15 minuti

Porzioni: 8

Ingredienti:

- 1 libbra di pasta di pane vegana
- ¾ di tazza di zucchero di cocco
- 1 e ½ cucchiaio di cannella in polvere
- 2 cucchiai di olio vegetale

Indicazioni:

- Stendere la pasta su una superficie di lavoro infarinata, formare un rettangolo e spennellare con l'olio.

- In una ciotola, mescolare la cannella con lo zucchero, mescolare, cospargere questo sulla pasta, arrotolare in un tronco, sigillare bene e tagliare in 8 pezzi.

- Lasciare i rotoli a lievitare per 2 ore, metterli nel cestello della friggitrice ad aria, cuocere a 350 gradi F per 5 minuti, girarli, cuocere per altri 4 minuti e trasferirli su un piatto da portata.

- Buon divertimento!

Nutrizione:

Calorie: 170

Proteine: 6 g.

Grasso: 1 g.

Carboidrati: 7 g.

Dessert facile alle pere

Tempo di preparazione: 10 minuti

Tempo di cottura: 25 minuti

Porzioni: 12

Ingredienti:

1. 6 pere grandi, con il torsolo e tagliate a pezzi

2. ½ tazza di uva passa

3. 1 cucchiaino di zenzero in polvere

4. ¼ di tazza di zucchero di cocco

5. 1 cucchiaino di scorza di limone, grattugiata

Indicazioni:

- In un contenitore adatto alla vostra friggitrice ad aria, mescolate le pere con l'uvetta, lo zenzero, lo zucchero e la scorza di limone, mescolate, introducete nella friggitrice e cuocete a 350 gradi F per 25 minuti.
- Dividere in ciotole e servire freddo.
- Buon divertimento!

Nutrizione:

Calorie: 200

Proteine: 6 g.

Grasso: 3 g.

Carboidrati: 6 g.

Miscela di vaniglia e fragola

Tempo di preparazione: 10 minuti

Tempo di cottura: 20 minuti

Porzioni: 10

Ingredienti:

1. 2 cucchiai di succo di limone
2. 2 libbre di fragole

3. 4 tazze di zucchero di cocco

4. 1 cucchiaino di cannella in polvere

5. 1 cucchiaino di estratto di vaniglia

Indicazioni:

- In una pentola che si adatta alla vostra friggitrice ad aria, mescolare le fragole con lo zucchero di cocco, il succo di limone, la cannella e la vaniglia, mescolare delicatamente, introdurre nella friggitrice e cuocere a 350 gradi F per 20 minuti

- Dividere in ciotole e servire freddo.

- Buon divertimento!

Nutrizione:

Calorie: 140

Proteine: 2 g.

Grasso: 0 g.

Carboidrati: 5 g.

Banane dolci e salsa

Tempo di preparazione: 10 minuti

Tempo di cottura: 20 minuti

Porzioni: 4

Ingredienti:

1. Succo di ½ limone

2. 3 cucchiai di nettare di agave

3. 1 cucchiaio di olio di cocco

4. 4 banane, sbucciate e tagliate in diagonale

5. ½ cucchiaino di semi di cardamomo

Indicazioni:

- Disporre le banane in una padella adatta alla vostra friggitrice ad aria, aggiungere il nettare di agave, il succo di limone, l'olio e il cardamomo, introdurre nella friggitrice e cuocere a 360 gradi F per 20 minuti

- Dividere le banane e la salsa tra i piatti e servire.

- Buon divertimento!

Nutrizione:

Calorie: 210

Proteine: 3 g.

Grasso: 1 g.

Carboidrati: 8 g.

Mele alla cannella e salsa al mandarino

Tempo di preparazione: 10 minuti

Tempo di cottura: 20 minuti

Porzioni: 4

Ingredienti:

1. 4 mele, con la buccia e il torsolo
2. 2 tazze di succo di mandarino
3. ¼ di tazza di sciroppo d'acero
4. 2 cucchiai di cannella in polvere
5. 1 cucchiaio di zenzero grattugiato

Indicazioni:

- In una pentola adatta alla vostra friggitrice ad aria, mescolate le mele con il succo di mandarino, lo sciroppo d'acero, la cannella e lo zenzero, introducete nella friggitrice e cuocete a 365 gradi F per 20 minuti
- Dividere il mix di mele tra i piatti e servire caldo.
- Buon divertimento!

Nutrizione:

Calorie: 170

Proteine: 4 g.

Grasso: 1 g.

Carboidrati: 6 g.

Barrette di cioccolato e vaniglia

Tempo di preparazione: 10 minuti

Tempo di cottura: 7 minuti

Porzioni: 12

Ingredienti:

1. 1 tazza di gocce di cioccolato senza zucchero e vegane

2. 2 cucchiai di burro di cocco

3. 2/3 di tazza di crema di cocco

4. cucchiai di stevia

5. ¼ di cucchiaino di estratto di vaniglia

Indicazioni:

- Mettere la panna in una ciotola, aggiungere la stevia, il burro e le gocce di cioccolato e mescolare

- Lasciare da parte per 5 minuti, mescolare bene e unire la vaniglia.

- Trasferire la miscela in una teglia foderata, introdurre nella friggitrice ad aria e cuocere a 356 gradi F per 7 minuti.

- Lasciare il mix da parte per raffreddare, affettare e servire.
- Buon divertimento!

Nutrizione:

Calorie: 120

Proteine: 1 g.

Grasso: 5 g.

Carboidrati: 6 g.

Barrette al lampone

Tempo di preparazione: 10 minuti

Tempo di cottura: 6 minuti

Porzioni: 12

Ingredienti:

1. ½ tazza di burro di cocco, sciolto

2. ½ tazza di olio di cocco

3. ½ tazza di lamponi, secchi

4. ¼ di tazza di swerve

5. ½ tazza di cocco, tagliuzzato

Indicazioni:

- Nel vostro robot da cucina, frullate molto bene le bacche secche.
- In una ciotola adatta alla vostra friggitrice ad aria, mescolate l'olio con il burro, la swerve, il cocco e i lamponi, mescolate bene, introducete nella friggitrice e cuocete a 320 gradi F per 6 minuti.
- Stendere il tutto su una teglia foderata, tenere in frigo per un'ora, affettare e servire.
- Buon divertimento!

Nutrizione:

Calorie: 164

Proteine: 2 g.

Grasso: 22 g.

Carboidrati: 4 g.

Crema di bacche di cacao

Tempo di preparazione: 10 minuti

Tempo di cottura: 10 minuti

Porzioni: 4

Ingredienti:

1. 3 cucchiai di cacao in polvere

2. 14 once di crema di cocco

3. 1 tazza di more

4. 1 tazza di lamponi

5. 2 cucchiai di stevia

Indicazioni:

- In una ciotola, sbattere il cacao in polvere con la stevia e la panna e mescolare.

- Aggiungere i lamponi e le more, mescolare delicatamente, trasferire in una padella adatta alla friggitrice ad aria, introdurre nella friggitrice e cuocere a 350 gradi F per 10 minuti.

- Dividere in ciotole e servire freddo.

- Buon divertimento!

Nutrizione:

Calorie: 205

Proteine: 2 g.

Grasso: 34 g.

Carboidrati: 6 g.

Budino al cacao

Tempo di preparazione: 10 minuti

Tempo di cottura: 20 minutl

Porzioni: 2

Ingredienti:

1. 2 cucchiai d'acqua

2. ½ cucchiaio di agar

3. 4 cucchiai di stevia

4. 4 cucchiai di cacao in polvere

5. 2 tazze di latte di cocco, caldo

Indicazioni:

- In una ciotola, mescolare il latte con la stevia e il cacao in polvere e mescolare bene.

- In una ciotola, mescolare l'agar con l'acqua, mescolare bene, aggiungere alla miscela di cacao, mescolare e trasferire in una padella da budino che si adatta alla vostra friggitrice ad aria.

- Introdurre nella friggitrice e cuocere a 356 gradi F per 20 minuti.

- Servire il budino freddo.
- Buon divertimento!

Nutrizione:

Calorie: 170

Proteine: 3 g.

Grasso: 2 g.

Carboidrati: 4 g.

Crackers al cocco e mirtillo

Tempo di preparazione: 10 minuti

Tempo di cottura: 30 minuti

Porzioni: 12

Ingredienti:

1. ½ tazza di burro di cocco

2. ½ tazza di olio di cocco, sciolto

3. 1 tazza di mirtilli

4. 3 cucchiai di zucchero di cocco

Indicazioni:

- In una pentola adatta alla tua friggitrice, mescola il burro di cocco con l'olio di cocco, i lamponi e lo zucchero, salta, introduci nella friggitrice e cuoci a 367 gradi F per 30 minuti
- Stendere su una teglia foderata, tenere in frigo per qualche ora, affettare i cracker e servire.
- Buon divertimento!

Nutrizione:

Calorie: 174

Proteine: 7 g.

Grasso: 5 g.

Carboidrati: 4 g.

Budino di cavolfiore

Tempo di preparazione: 10 minuti

Tempo di cottura: 30 minuti

Porzioni: 4

Ingredienti:

1. 2½ tazze di acqua

2. 1 tazza di zucchero di cocco

3. 2 tazze di riso al cavolfiore

4. 2 bastoncini di cannella

5. ½ tazza di cocco, tagliuzzato

Indicazioni:

- In una pentola adatta alla tua friggitrice, mescola l'acqua con lo zucchero di cocco, il riso al cavolfiore, la cannella e il cocco, mescola, introduci nella friggitrice e cuoci a 365 gradi F per 30 minuti

- Dividere il budino in tazze e servire freddo.

- Buon divertimento!

Nutrizione:

Calorie: 203

Proteine: 4 g.

Grasso: 4 g.

Carboidrati: 9 g.

Rabarbaro dolce alla vaniglia

Tempo di preparazione: 10 minuti

Tempo di cottura: 10 minuti

Porzioni: 4

Ingredienti:

1. 5 tazze di rabarbaro, tritato

2. 2 cucchiai di burro di cocco, sciolto

3. 1/3 di tazza di acqua

4. 1 cucchiaio di stevia

5. 1 cucchiaino di estratto di vaniglia

Indicazioni:

- Mettere il rabarbaro, il ghee, l'acqua, la stevia e l'estratto di vaniglia in una padella adatta alla friggitrice ad aria, introdurre nella friggitrice e cuocere a 365 gradi F per 10 minuti

- Dividere in piccole ciotole e servire freddo.

- Buon divertimento!

Nutrizione:

Calorie: 103

Proteine: 2 g.

Grasso: 2 g.

Carboidrati: 6 g.

Frittella al cocco

Tempo di preparazione: 10 minuti

Tempo di cottura: 20 minuti

Porzioni: 4

Ingredienti:

1. 2 tazze di farina autolievitante
2. 2 cucchiai di zucchero
3. 2eggs
4. 1 e ½ tazze di latte di cocco
5. Un filo d'olio d'oliva

Indicazioni:

- In una ciotola, mescolare le uova con lo zucchero, il latte e la farina e sbattere fino ad ottenere una pastella.
- Ungete la vostra friggitrice ad aria con l'olio, aggiungete la pastella, stendetela nella pentola, coprite e cuocete su Low per 20 minuti.
- Affettare il pancake, dividerlo tra i piatti e servirlo freddo.

Nutrizione:

Calorie: 162

Proteine: 8 g.

Grasso: 3 g.

Carboidrati: 7 g.

Mele e succo d'uva rossa

Tempo di preparazione: 10 minuti

Tempo di cottura: 10 minuti

Porzioni: 2

Ingredienti:

1. 2mele

2. ½ tazza di succo d'uva rossa naturale

3. 2 cucchiai di uva passa

4. 1 cucchiaino di cannella in polvere

5. ½ cucchiaio di zucchero

Indicazioni:

- Mettete le mele nella friggitrice ad aria, aggiungete il succo d'uva, l'uvetta, la cannella e la stevia, mescolate un po', coprite e cuocete su High per 10 minuti.

- Dividere in 2 ciotole e servire.

Nutrizione:

Calorie: 110

Proteine: 3 g.

Grasso: 1 g.

Carboidrati: 3 g.

Budino di cocco e avocado

Tempo di preparazione: 2 ore

Tempo di cottura: 2 minuti

Porzioni: 3

Ingredienti:

1. ½ tazza di olio di avocado

2. 4 cucchiai di zucchero

3. 1 cucchiaio di cacao in polvere

4. 14 once di latte di cocco in scatola

5. 1 avocado, snocciolato, sbucciato e tritato

Indicazioni:

- In una ciotola, mescolare l'olio con il cacao in polvere e metà dello zucchero, mescolare bene, trasferire in un contenitore foderato, tenere in frigo per 1 ora e tagliare in piccoli pezzi.
- Nella friggitrice ad aria, mescolare il latte di cocco con l'avocado e il resto dello zucchero, frullare con un frullatore a immersione, coprire il fornello e cuocere su High per 2 minuti.
- Aggiungere le gocce di cioccolato, mescolare, dividere il budino in ciotole e tenerlo in frigo fino al momento di servirlo.

Nutrizione:

Calorie: 140

Proteine: 4 g.

Grasso: 3 g.

Carboidrati: 3 g.

Ciotole di ciliegie e rabarbaro

Tempo di preparazione: 10 minuti

Tempo di cottura: 35 minuti

Porzioni: 4

Ingredienti:

1. 2 tazze di ciliegie, snocciolate e dimezzate

2. 1 tazza di rabarbaro, affettato

3. 1 tazza di succo di mela

4. 2 cucchiai di zucchero

5. ½ tazza di uva passa.

Indicazioni:

- In una pentola adatta alla vostra friggitrice ad aria, combinate le ciliegie con il rabarbaro e gli altri ingredienti, saltate, cuocete a 330 gradi F per 35 minuti, dividete in ciotole, fate raffreddare e servite.

Nutrizione:

Calorie: 212

Proteine: 7 g.

Grasso: 8 g.

Carboidrati: 13 g.

Ciotole di zucca

Tempo di preparazione: 10 minuti

Tempo di cottura: 15 minuti

Porzioni: 4

Ingredienti:

1. 2 tazze di polpa di zucca, a cubetti

2. 1 tazza di panna pesante

3. 1 cucchiaino di cannella in polvere

4. 3 cucchiai di zucchero

5. 1 cucchiaino di noce moscata, macinata

Indicazioni:

- In una pentola adatta alla vostra friggitrice ad aria, combinate la zucca con la panna e gli altri ingredienti, introducete nella friggitrice e cuocete a 360 gradi F per 15 minuti.

- Dividere in ciotole e servire.

Nutrizione:

Calorie: 212

Proteine: 7 g.

Grasso: 5 g.

Carboidrati: 15 g.

Marmellata di mele

Tempo di preparazione: 10 minuti

Tempo di cottura: 25 minuti

Porzioni: 4

Ingredienti:

1. 1 tazza di acqua

2. ½ tazza di zucchero

3. 1 libbra di mele, con torsolo, sbucciate e tritate

4. ½ cucchiaino di noce moscata, macinata

Indicazioni:

- In una pentola adatta alla tua friggitrice ad aria, mescola le mele con l'acqua e gli altri ingredienti, salta, introduci la pentola nella friggitrice e cuoci a 370 gradi F per 25 minuti.

- Frullare un po' con un frullatore a immersione, dividere in vasetti e servire.

Nutrizione:

Calorie: 204

Proteine: 4 g.

Grasso: 3 g.

Carboidrati: 12 g.

Crema di yogurt e zucca

Tempo di preparazione: 10 minuti

Tempo di cottura: 30 minuti

Porzioni: 4

Ingredienti:

1. 1 tazza di yogurt

2. 1 tazza di purea di zucca

3. 2 uova, sbattute

4. 2 cucchiai di zucchero

5. ½ cucchiaino di estratto di vaniglia

Indicazioni:

- In una grande ciotola, mescolare la purea e lo yogurt con gli altri ingredienti, sbattere bene, versare in 4 pirottini, metterli nella friggitrice e cuocere a 370 gradi F per 30 minuti.

Raffreddare e servire.

Nutrizione:

Calorie: 192

Proteine: 4 g.

Grasso: 7 g.

Carboidrati: 12 g.

Miscela di riso all'uvetta

Tempo di preparazione: 10 minuti

Tempo di cottura: 25 minuti

Porzioni: 6

Ingredienti:

1. 1 tazza di riso bianco

2. 2 tazze di latte di cocco

3. 3 cucchiai di zucchero

4. 1 cucchiaino di estratto di vaniglia

5. ½ tazza di uva passa

Indicazioni:

- Nella padella della friggitrice ad aria, combinare il riso con il latte e gli altri ingredienti, introdurre la padella nella friggitrice e cuocere a 320 gradi F per 25 minuti.
- Dividere in ciotole e servire caldo.

Nutrizione:

Calorie: 132

Proteine: 7 g.

Grasso: 6 g.

Carboidrati: 11 g.

Ciotole arancioni

Tempo di preparazione: 10 minuti

Tempo di cottura: 10 minuti

Porzioni: 4

Ingredienti:

1. 1 tazza di arance, sbucciate e tagliate a spicchi

2. 1 tazza di ciliegie, snocciolate e dimezzate

3. 1 tazza di mango, sbucciato e tagliato a cubetti

4. 1 tazza di succo d'arancia

5. 2 cucchiai di zucchero

Indicazioni:

- Nella padella della friggitrice ad aria, mescolare le arance con le ciliegie e gli altri ingredienti, mescolare e cuocere a 320 gradi F per 10 minuti.

- Dividere in ciotole e servire freddo.

Nutrizione:

Calorie: 191

Proteine: 4 g.

Grasso: 7 g.

Carboidrati: 14 g.

Marmellata di fragole

Tempo di preparazione: 10 minuti

Tempo di cottura: 25 minuti

Porzioni: 8

Ingredienti:

1. 1 libbra di fragole, tritate

2. 1 cucchiaio di scorza di limone, grattugiata

3. 1 e ½ tazze di acqua

4. ½ tazza di zucchero

5. ½ cucchiaio di succo di limone

Indicazioni:

- Nella padella della friggitrice ad aria, mescolare le bacche con l'acqua e gli altri ingredienti, mescolare, introdurre la padella nella friggitrice ad aria e cuocere a 330 gradi F per 25 minuti.

- Dividere in ciotole e servire freddo.

Nutrizione:

Calorie: 202

Proteine: 7 g.

Grasso: 8 g.

Carboidrati: 6 g.

Crema al caramello

Tempo di preparazione: 10 minuti

Tempo di cottura: 15 minuti

Porzioni: 4

Ingredienti:

1. 1 tazza di panna pesante

2. 3 cucchiai di sciroppo di caramello

3. ½ tazza di crema di cocco

4. 1 cucchiaio di zucchero

5. ½ cucchiaino di cannella in polvere

Indicazioni:

- In una ciotola, mescolare la panna con lo sciroppo di caramello e gli altri ingredienti, sbattere, dividere in piccoli pirottini, introdurre nella friggitrice e cuocere a 320 gradi F e cuocere per 15 minuti.

- Dividere in ciotole e servire freddo.

Nutrizione:

Calorie: 234

Proteine: 5 g.

Grasso: 13 g.

Carboidrati: 11 g.

Pere avvolte

Tempo di preparazione: 10 minuti

Tempo di cottura: 15 minuti

Porzioni: 4

Ingredienti:

1. 4fogli di pasta sfoglia

2. 14ounces vanilla custard

3. 2 pere, dimezzate

4. 1 uovo, sbattuto

5. 2 cucchiai di zucchero

Indicazioni:

- Mettete le fette di pasta sfoglia su una superficie pulita, aggiungete un cucchiaio di crema alla vaniglia al centro di ciascuna, coprite con le metà della pera e avvolgete.

- Spennellare le pere con l'uovo, cospargere di zucchero e metterle nel cestello della friggitrice ad aria e cuocere a 320 °F per 15 minuti.

- Dividere i pacchi sui piatti e servire.

Nutrizione:

Calorie: 200

Proteine: 6 g.

Grasso: 7 g.

Carboidrati: 6 g.

Barrette al limone

Tempo di preparazione: 10 minuti

Tempo di cottura: 35 minuti

Porzioni: 8

Ingredienti:

1. ½ tazza di burro fuso

2. 1 tazza di eritritolo

3. 1 tazza e ¾ di farina di mandorle

4. 3 uova, sbattute

5. Succo di 3 limoni

Indicazioni:

- In una ciotola, mescolare 1 tazza di farina con metà dell'eritritolo e il burro, mescolare bene e premere in una teglia adatta alla friggitrice rivestita di carta da forno.

- Mettere il piatto nella friggitrice ad aria e cuocere a 350 gradi F per 10 minuti.

- Nel frattempo, in una ciotola, mescolare il resto della farina con l'eritritolo rimanente e gli altri ingredienti e sbattere bene.

- Distribuire questo sulla crosta, mettere il piatto nella friggitrice ad aria ancora una volta e cuocere a 350 gradi F per 25 minuti.
- Raffreddare, tagliare in barrette e servire.

Nutrizione:

Calorie: 210

Proteine: 8 g.

Grasso: 12 g.

Carboidrati: 4 g.

Ciambelle al cocco

Tempo di preparazione: 5 minuti

Tempo di cottura: 15 minuti

Porzioni: 4

Ingredienti:

1. 8 once di farina di cocco

2. 1 uovo, sbattuto

3. e ½ cucchiaio di burro fuso

4. 4 once di latte di cocco

5. 1 cucchiaino di lievito in polvere

Indicazioni:

- In una ciotola, mettere tutti gli ingredienti e mescolare bene.

- Formate delle ciambelle da questo mix, mettetele nel cestello della vostra friggitrice ad aria e cuocetele a 370 gradi F per 15 minuti.

- Servire caldo.

Nutrizione:

Calorie: 190

Proteine: 6 g.

Grasso: 12 g.

Piano alimentare di 30 giorni

Giorno	Colazione	Pranzo/cena	Dessert
1	Grigliata di gamberi	Involtini di spinaci	Torta di crepe al matcha
2	Yogurt al cocco con semi di chia	Pieghevole al formaggio di capra	Mini torte di zucca alle spezie
3	Budino di chia	Torta di crêpe	Barrette di noci
4	Bombe di grasso all'uovo	Zuppa di cocco	Torta di libbra
5	Poltiglia mattutina	Tacos di pesce	Chips di tortilla con cannella
6	Uova alla scozzese	Insalata Cobb	Yogurt alla granola con bacche

7	Panino al bacon	Zuppa di formaggio	Sorbetto alle bacche
8	Noatmeal	Tartare di tonno	Frullato di bacche di cocco
9	Colazione al forno con carne	Zuppa di vongole	Frullato di latte di cocco e banana
10	Colazione Bagel	Insalata di manzo asiatico	Frullato di mango e ananas
11	Hash di uova e verdure	Carbonara Keto	Frullato verde al lampone
12	Cowboy Skillet	Zuppa di cavolfiore con semi	Frullato di bacche caricato
13	Quiche alla feta	Asparagi avvolti nel prosciutto	Frullato di papaya, banana e cavolo riccio
14	Frittelle di	Peperoni	Frullato di

	pancetta	ripieni	arancia verde
15	Cialde	Melanzane ripiene con formaggio di capra	Doppio frullato di bacche
16	Frullato al cioccolato	Korma Curry	Barrette proteiche energizzanti
17	Uova in cappelli di funghi Portobello	Barrette di zucchine	Brownies dolci e nocivi
18	Bombe grasse al Matcha	Zuppa di funghi	Keto Macho Nachos
19	Ciotola di frullato Keto	Funghi di Portobello ripieni	Gelato al burro di arachidi, cioccolato e banana con menta
20	Frittata di	Insalata di	Pesche alla

	salmone	lattuga	cannella e yogurt
21	Hash Brown	Zuppa di cipolla	Ghiaccioli di pera e menta e miele
22	Casseruola di Black's Bangin'	Insalata di asparagi	Frullato di arancia e pesche
23	Coppe di pancetta	Tabbouleh al cavolfiore	Frullato di mele speziate al cocco
24	Uova agli spinaci e formaggio	Manzo Salpicao	Frullato dolce e nocivo
25	Taco Wraps	Carciofo ripieno	Frullato di zenzero e bacche
26	Ciambelle al caffè	Involtini di spinaci	Frullato vegetariano amichevole
27	Frittata all'uovo al	Pieghevole al	Frullato ChocNut

	forno	formaggio di capra	
28	Risotto al ranch	Torta di crêpe	Frullato di fragola Coco
29	Uova alla scozzese	Zuppa di cocco	Frullato di bacche e spinaci all'uovo
30	Uova fritte	Tacos di pesce	Frullato di dessert cremoso

Conclusione

Grazie per essere arrivati alla fine di questo libro.

La friggitrice ad aria è un'aggiunta relativamente nuova alla cucina, ed è facile capire perché la gente si entusiasma ad usarla. Con una friggitrice ad aria, puoi fare patatine croccanti, ali di pollo, petti di pollo e bistecche in pochi minuti.

Ci sono molti cibi deliziosi che puoi preparare senza aggiungere olio o grasso al tuo pasto. Ancora una volta assicurati di leggere le istruzioni della tua friggitrice ad aria e segui le regole per un uso e una manutenzione corretti.

Una volta che la tua friggitrice ad aria è in buone condizioni di lavoro, puoi davvero diventare creativo e iniziare a sperimentare la tua strada verso un cibo sano e dal sapore fantastico.

Questo è tutto! Grazie!